escuela - sikolwa	2
viaje - kuhamba	5
transporte - kwetfutsa	8
ciudad - lidolobha lelikhulu	10
paisaje - libala	14
restaurante - sitolo sekudla	17
supermercado - isuphamakethe	20
bebida - tinatfo	22
comida - kudla	23
granja - lipulazi	27
casa - indlu	31
cuarto de estar - indzawo yamabonakudze	33
cocina - likhishi	35
cuarto de baño - likamelo lekugezela	38
cuarto de los niños - likamelo lemntfwana	42
vestimenta - timphahla tekugcoka	44
oficina - lihhovisi	49
economía - umnotfo	51
ocupaciones - tikhundla	53
herramientas - emathulusi	56
instrumentos musicales - insimbi yemculo	57
zoológico - i-zoo	59
deporte - temidlalo	62
actividades - imisebenti	63
familia - umndeni	67
cuerpo - umtimba	68
hospital - sibhedlela	72
emergencia - simo lesiphutfumako	76
Tierra - Umhlaba	77
reloj - liwashi	79
semana - liviki	80
año - umnyaka	81
formas - kubumbeka kwetintfo	83
colores - imibala	84
opuestos - lokwehlukile	85
números - tinombolo	88
idiomas - tilwimi	90
quién / qué / cómo - ngubani / ini / njani	91
donde - kuphi	92

Impressum
Verlag: BABADADA GmbH, Nedderfeld 112 , 22529 Hamburg
Geschäftsführer / Verlagsleitung: Harald Hof
Druck: Books on Demand GmbH, In de Tarpen 42, 22848 Norderstedt

Imprint
Publisher: BABADADA GmbH, Nedderfeld 112 , 22529 Hamburg, Germany
Managing Director / Publishing direction: Harald Hof
Print: Books on Demand GmbH, In de Tarpen 42, 22848 Norderstedt

escuela
sikolwa

- dividir — hlukanisa
- mesa — libhodi
- aula — likilasi
- patio de escuela — ligceke lesikolwa
- docente — thishela
- papel — liphepha
- escribir — bhala
- bolígrafo — ipeni
- escritorio — lideski
- regla — i-ruler
- libro — incwadzi
- alumno — umuntfu

mochila escolar
sikhwama setincwadzi tesikolwa

caja de lápices
sikhwanyana semapenisela

lápiz
ipenisela

sacapuntas
umshini wekulolo ipenisela

goma de borrar
i-rubber

bloc de dibujo
intfo yekudvweba

dibujo
umdvwebo

pincel
libhulashi lekupenda

caja de pinturas
libhokisi lekupenda

tijera
tikelo

pegamento
i-glue

libro de ejercicios
incwadzi yekutadisha

tarea
msebenti wasekhaya

número
inombolo

sumar
hlanganisa

restar
susa

multiplicar
phindzaphidza

calcular
bala

letra
incwadzi

alfabeto
feleba

palabra
ligama

escuela - sikolwa

texto
umbhalo

leer
fundza

tiza
ishogo

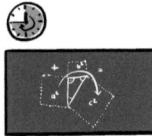
lección
sifundvo

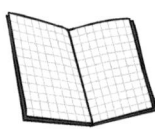
libro de clase
i-register

examen
sivivinyo sekugcina

certificado
sitifiketi

uniforme escolar
timphahla tesikolwa

educación
imfundvo

enciclopedia
i-ensaklopheda

universidad
inyuvesi

microscopio
sipopolo

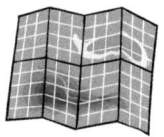
mapa
libalave

cesto de papeles
libhakede lekulahla emaphepha

viaje
kuhamba

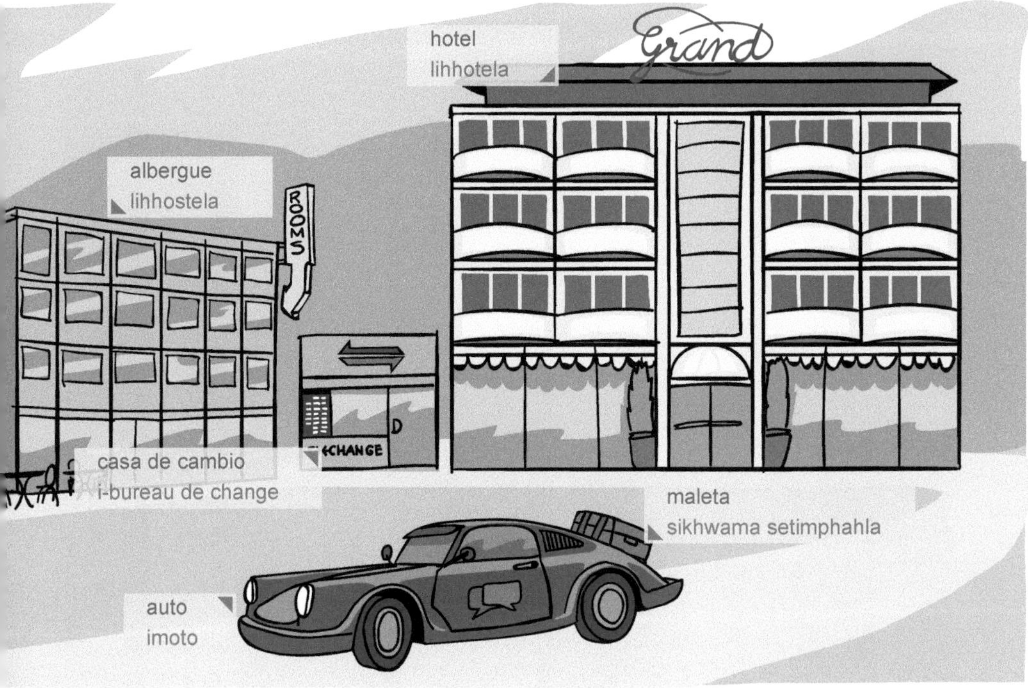

hotel
lihhotela
Grand
albergue
lihhostela
ROOMS
casa de cambio
i-bureau de change
EXCHANGE
maleta
sikhwama setimphahla
auto
imoto

idioma

lulwimi

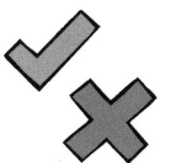

sí / no

yebo / cha

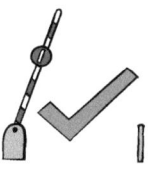

ok

Kulungile

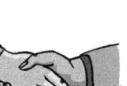

hola

sawubona

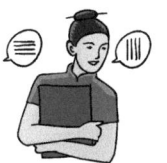

intérprete

umhumushi

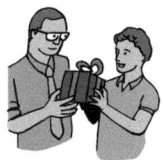

gracias

Siyabonga

¿Cuánto cuesta...?
ingumalini i....?

No entiendo
angivisisi kahle

problema
inkinga

¡Buenas tardes!
Lishonile!

¡Buenos días!
Kusile!

¡Buenas noches!
Ulale kahle!

adiós
sala kahle

dirección
sicondziso

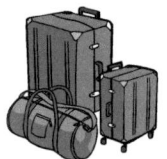

equipaje
umtfwalo

bolso
sikhwama

mochila
sikhwama lesigacwako

invitado
sivakashi

cuarto
likamelo

saco de dormir
sikhwama sekulala

tienda de campaña
lithende

información al turista
hininingwane yetivakashi

playa
ibhishi

tarjeta de crédito
likhadi lemali

desayuno
kudla kwasekuseni

almuerzo
kudla kwasemini

cena
kudla kwantsambama

pasaje
lithikithi

ascensor
i-lift

sello
sitembu

límite
umcele

aduana
emakhasimende

embajada
i-embasi

visa
i-visa

pasaporte
ipasipoti

viaje - kuhamba

transporte
kwetfutsa

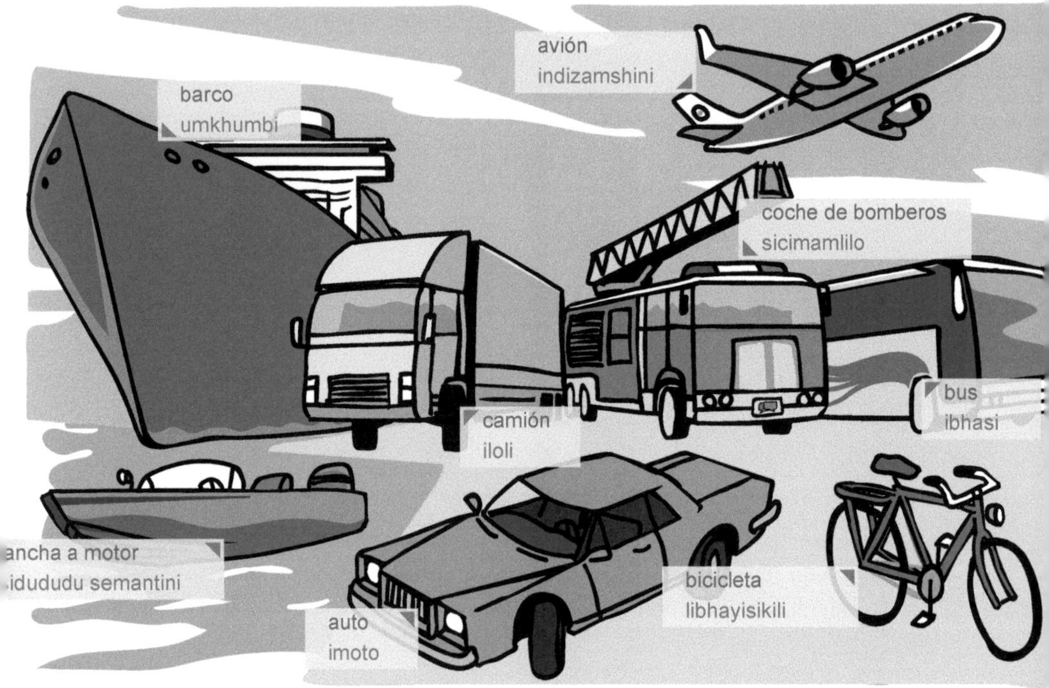

avión / indizamshini
barco / umkhumbi
coche de bomberos / sicimamlilo
bus / ibhasi
camión / iloli
lancha a motor / idududu semantini
auto / imoto
bicicleta / libhayisikili

balsa
i-ferry

lancha
sikebhe

motocicleta
sidududu

auto de policía
imoto yemaphoyisa

auto de carreras
imoto yemjaho

auto de alquiler
imoto yekucashisa

transporte - kwetfutsa

alquiler de autos
kubolekana imoto

grúa
i-breadown

vehículo recolector de basura
iloli yetibi

motor
imoto

gasolina
phethiloli

gasolinera
ligalaji laphethiloli

señal de tráfico
luphawu lwemgwaco

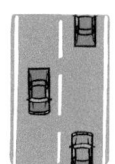
tránsito
incumbi yetimoto

atasco
incumbi yetimoto letime emngwacweni

estacionamiento
ipaki yemoto

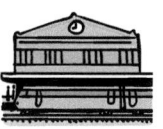
estación de tren
siteshi sesitimela

carril
imizila

tren
sitimela

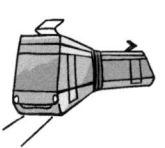
tranvía
i-tram

vagón
inkalishi

transporte - kwetfutsa

helicóptero
indiza lenaphephela emhlane

aeropuerto
sikhungo setindiza

torre
imoto yekudvonsa letibhajiwe

pasajero
bagibeli

contenedor
intfo yekutfwala

caja de cartón
likhathoni

carro
i-cart

cesta
bhasikidi

despegar / aterrizar
kusuka / kwehla

ciudad
lidolobha lelikhulu

aldea
umuti

centro de la ciudad
ekhatsi nelidolobha

casa
indlu

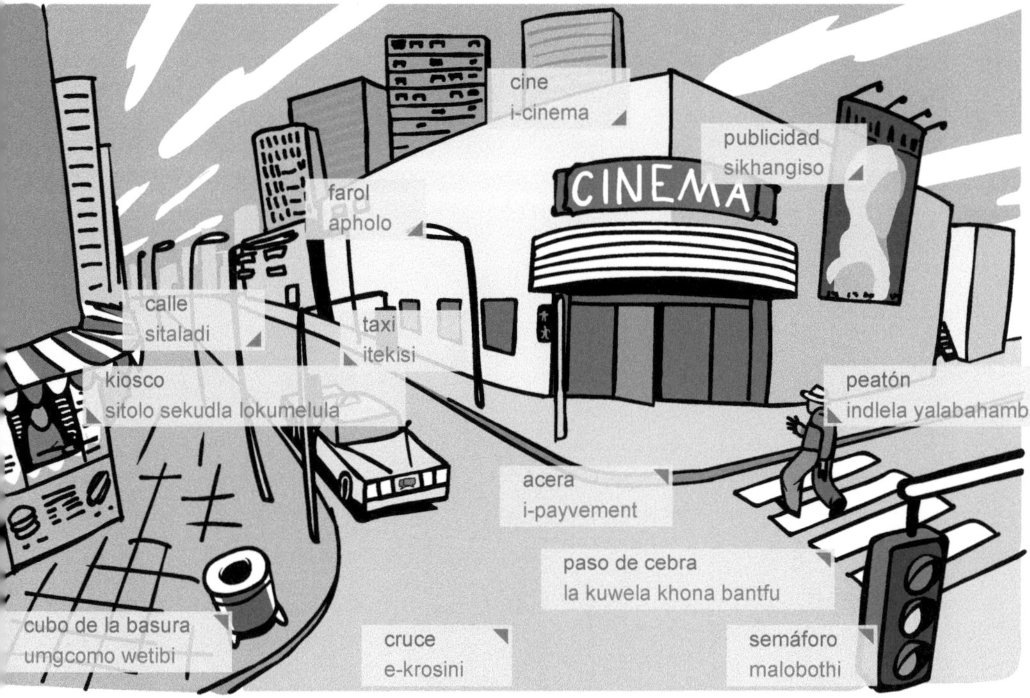

cine
i-cinema

publicidad
sikhangiso

farol
apholo

calle
sitaladi

taxi
itekisi

kiosco
sitolo sekudla lokumelula

peatón
indlela yalabahamba

acera
i-payvement

paso de cebra
la kuwela khona bantfu

cubo de la basura
umgcomo wetibi

cruce
e-krosini

semáforo
malobothi

cabaña
gucasthandaze

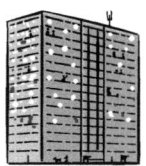

apartamento
lifulethi

estación de tren
siteshi sesitimela

ayuntamiento
ihholwa lasedolobheni

museo
imnyusiyamu

escuela
sikolwa

ciudad - lidolobha lelikhulu

universidad
inyuvesi

banco
libhange

hospital
sibhedlela

hotel
lihhotela

farmacia
ikhemisi

oficina
lihhovisi

librería
sitolo setincwadzi

negocio
sitolo

florería
lotsengisa timbali

supermercado
isuphamakethe

mercado
imakethe

grandes almacenes
litiko letitolo

pescadería
batsengisi betimfishi

centro comercial
luchungechuge lwetitolo

puerto
sikhungo

ciudad - lidolobha lelikhulu

parque
lipaki

banco
libhentji

puente
libhuloho

escalera
titezi

metro
ngephansi kwemhlaba

túnel
umhume

parada de autobuses
siteshi sebhasi

bar
sitolo setjwala

restaurante
sitolo sekudla

buzón de correo
libhokisi leliposi

letrero
luphawu lwemgwaco

parquímetro
umshini lobala sikhatsi sekupaka

zoológico
i-zoo

piscina
i-swimming pool

mezquita
lisontfo lemasulumane

ciudad - lidolobha lelikhulu

granja
lipulazi

polución
kugcolisa umoya

cementerio
emathuna

iglesia
lisontfo

parque infantil
inkhundla yetemidlalo

templo
lithempeli

paisaje
libala

- hoja / licembe
- indicador de camino / luphawu lwemgwaco
- sendero / indlela
- pradera / umshiya
- piedra / litje
- árbol / sihlahla
- caminante / lohamba indlela lendze ngetinyawo
- río / umfula
- pasto / tjani
- flor / imbali

valle	montaña	lago
sihosha	ligcuma	lidanyana
	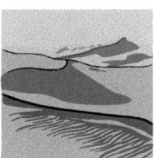	
bosque	desierto	volcán
lihlatsi	lihlane	intsabamlilo

castillo	arco iris	seta
mhlambi wetinkhomo	umushi wenkhosatane	likhowa

palmera	mosquito	mosca
sihlahla semphayini	imbuzulwane	kundiza

hormiga	abeja	araña
intfutfwane	inyosi	sayobi

paisaje - libala

escarabajo
inkhubabulongo

rana
sicoco

ardilla
chakijane

erizo
ingungumbane

liebre
lolunye luhlobo lwalogwaja

lechuza
sikhova

pájaro
inyoni

cisne
i-swan

jabalí
ingulube yesiganga

ciervo
inyamatane

alce
i-moose

embalse
lidamu

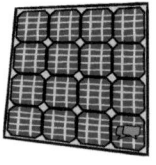

aerogenerador
i-wind turbine

módulo solar
i-solar panel

clima
simo selitulu

restaurante
sitolo sekudla

- camarero / waiter
- carta del menú / luhla lwekudla
- silla / situlo
- sopa / lisobho
- pizza / i-pizza
- cubiertos / tipuni imimese netimfologo
- mantel / indvwangu yelitafula

entrada
kudla lokusicalo

plato principal
kudla locinile

postre
idizethi

bebida
tinatfo

comida
kudla

botella
libhodlela

restaurante - sitolo sekudla

comida rápida

kudla lokusheshako

comida callejera

kudla kwasemngwacweni

tetera

ligedlela lelitiye

azucarera

indishi yashukela

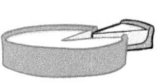

porción

incenye

máquina de espresso

umshini we-espresso

silla alta

situlo lesiphakeme

factura

ibhili

bandeja

li-tray

cuchillo

umukhwa

tenedor

imfologo

cuchara

sipuni

cuchara de té

sipuni lesincane

servilleta

ithishu yetandla

vaso

ligilasi

restaurante - sitolo sekudla

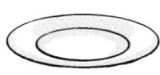

plato
lipuleti

plato de sopa
lipuleti lelisobho

platillo
lipringi

salsa
i-sauce

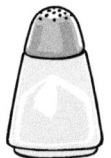

salero
libhodvo lasawoti

molinillo para pimienta
i-pepper mill

vinagre
niniga

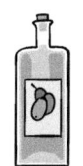

aceite
emafutsa awoyela

especias
tipayisi

ketchup
i-ketchup

mostaza
i-mustard

mayonesa
mayonasi

supermercado
isuphamakethe

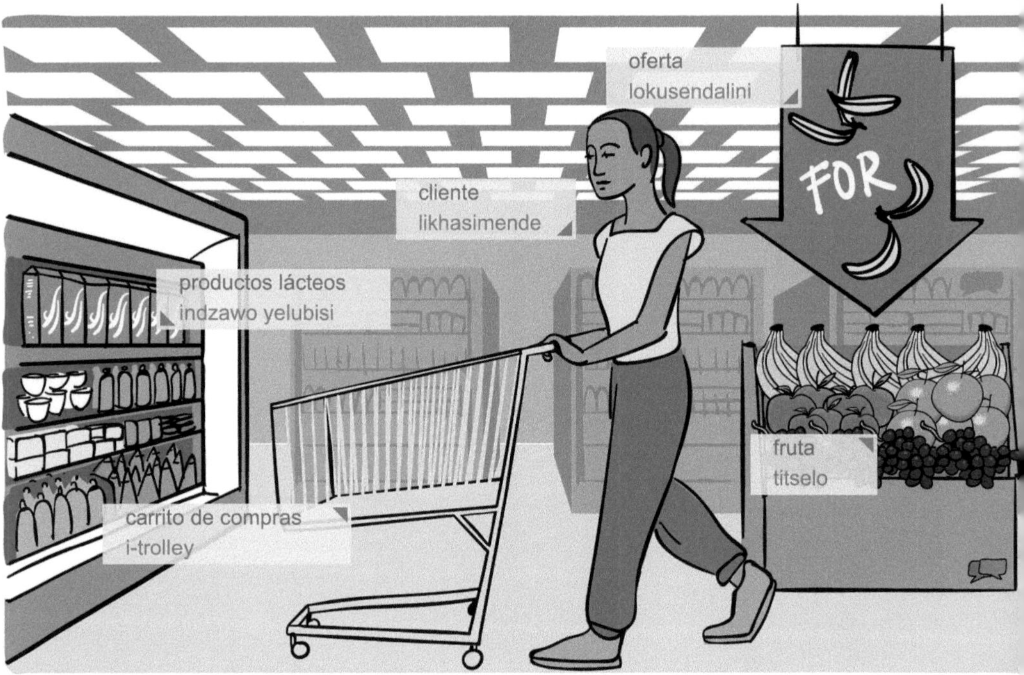

oferta
lokusendalini
FOR
cliente
likhasimende
productos lácteos
indzawo yelubisi
fruta
titselo
carrito de compras
i-trolley

BUTCHERS

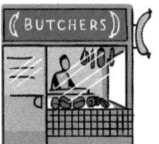

carnicería

ibhushari

BAKERY

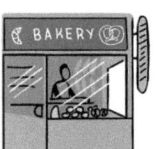

panadería

i-baker

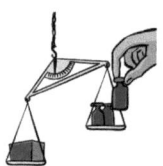

pesar

kala

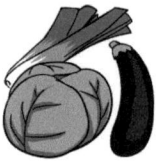

verdura

tibhidvo

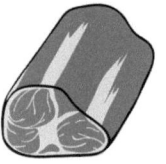

carne

inyama

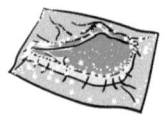

alimentos congelados

kudla lokucandzisiwe

fiambre
inyama lebandzako

conservas
kudla likusemathinini

detergente en polvo
insipho yekuwasha

dulces
emaswidi

artículos domésticos
tintfo tasekhaya

productos de limpieza
imitsi yekukolobha

vendedora
muntfu lotsengisako

caja
endzaweni yekubhadala

cajero
umtsengisi

lista de compras
a lwetintfo tekutsengwa

horario de atención
ema-awa ekuvula

cartera
sipatji

tarjeta de crédito
likhadi lemali

maleta
sikhwama

bolsa plástica
sikhwama seshekhasi

supermercado - isuphamakethe

bebida
tinatfo

agua
emanti

jugo
ijuzi

leche
lubisi

refresco de cola
ikhokhi

vino
liwani

cerveza
ibhiya

alcohol
tjwala

cacao
ikhokho

té
litiye

café
likhofi

espresso
i-espresso

cappuccino
i-cappuccino

comida
kudla

banana
bhanana

manzana
lihhabhula

naranja
liwolintji

sandía
melon

limón
ilemoni

zanahoria
emavondlela

ajo
galiki

bambú
i-bamboo

cebolla
anyanisi

seta
emakhowa

nueces
emantongomane

fideos
ema-noodles

espagueti
sipageti

arroz
lilayisi

ensalada
isaladi

patatas fritas
emashibusi

patatas salteadas
emazambane lafrayiwe

pizza
i-pizza

hamburguesa
i-burger

sándwich
isengwishi

escalope
inyama lefulawe netimvitsi tesinkhwa

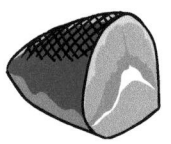
jamón
i-ham

salame
isalami

embutido
livosi

pollo
inyama yenkhukhu

asado
lokufrayiwe

pescado
imfishi

comida - kudla

copos de avena
i-oats

musli
imusili

copos de maíz tostado
ema-cornflakes

harina
fulawa

croissant
ema-croissant

panecillo
sinkhwa

pan
sinkhwa

tostada
linkhwa lesithosiwe

galletas
emabhisikidi

mantequilla
bhotela

cuajada
i-curd

pastel
likhekhe

huevo
emacandza

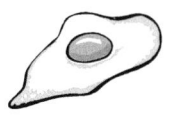
huevo frito
emacandza lafulayiwe

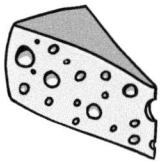
queso
ishizi

helado	azúcar	miel
i-ice cream	shukela	luju

mermelada	praliné	curry
jamu	shokolethi	ikheri

comida - kudla

granja
lipulazi

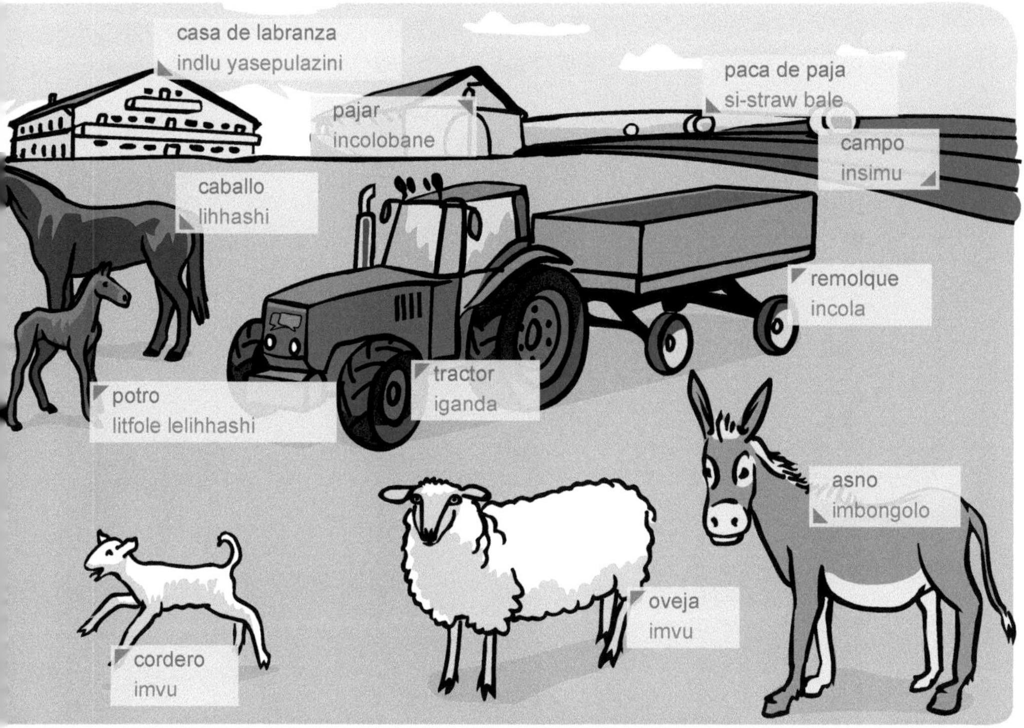

casa de labranza
indlu yasepulazini

pajar
incolobane

paca de paja
si-straw bale

campo
insimu

caballo
lihhashi

remolque
incola

potro
litfole lelihhashi

tractor
iganda

asno
imbongolo

cordero
imvu

oveja
imvu

cabra
imbuti

vaca
inkhomo

ternero
litfole

cerdo
ingulube

lechón
ingulutjana

toro
inkhunzi

ganso
lihansi

pato
lidada

polluelo
lintjwele

pollo
sikhukhukati

gallo
lichudze

rata
ligundvwane

gato
likati

ratón
ligundvwane lelincane

buey
inkhunzi

perro
inja

caseta del perro
indlu yenja

manguera de riego
liphayiphi lemanti asengadzini

regadera
libhakede lemanti

guadaña
i-scythe

arado
likhuba leganda

granja - lipulazi

hoz
lisikela

azada
likhuba

bieldo
imfologo yetjani

hacha
lizembe

carretilla
libhala

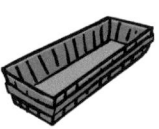

abrevadero
litrofula

lechera
iromkani

saco
lisaka

cerca
ifenisi

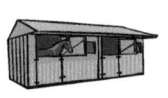

establo
sitebele

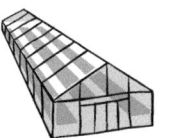

invernadero
indlu leluhlata

suelo
umhlabatsi

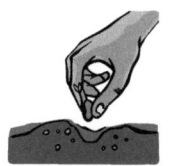

semilla
imbewu

fertilizante
sivundzisi

cosechadora
bavuni

cosechar
vuna

cosecha
sivuno

raíz de ñame
i-yams

trigo
likhula

soja
isoyi

patata
lizambane

maíz
sibhuluja sembila

colza
i-rapeseed

Árbol frutal
sihlahla setitselo

mandioca
bhatata

cereales
ema-cereals

casa
indlu

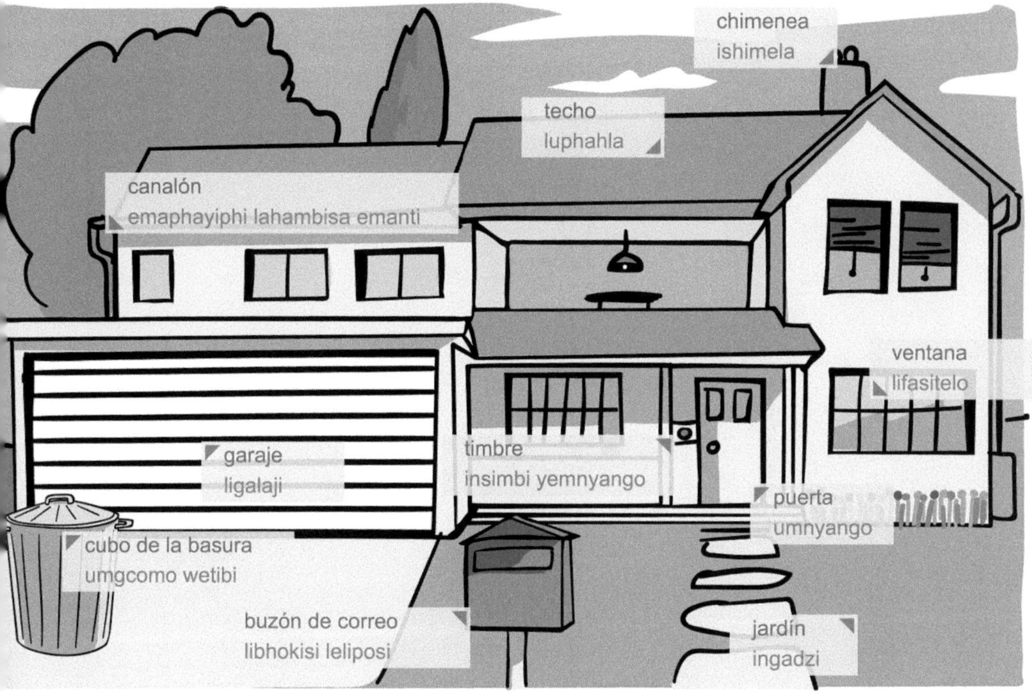

- chimenea / ishimela
- techo / luphahla
- canalón / emaphayiphi lahambisa emanti
- ventana / lifasitelo
- garaje / ligalaji
- timbre / insimbi yemnyango
- puerta / umnyango
- cubo de la basura / umgcomo wetibi
- buzón de correo / libhokisi leliposi
- jardín / ingadzi

cuarto de estar
dzawo yamabonakudze

cuarto de baño
likamelo lekugezela

cocina
likhishi

dormitorio
likamelo

cuarto de los niños
likamelo lemntfwana

comedor
ligumbu lekudlela

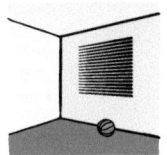
piso
siyilo

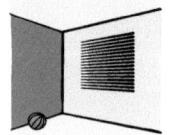
pared
lubondza

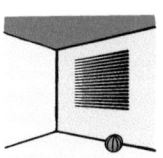
cielorraso
isilingi

sótano
i-cellar

sauna
i-sauna

balcón
umpheme

terraza
libala

piscina
lidamu lekududa

cortacésped
umshini wetjani

funda nórdica
lishidi

edredón
ibhedspredi

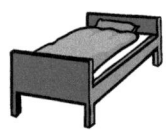
cama
umbhedze

escoba
umshanelo

cubo
libhakede

interruptor
iswishi

cuarto de estar
indzawo yamabonakudze

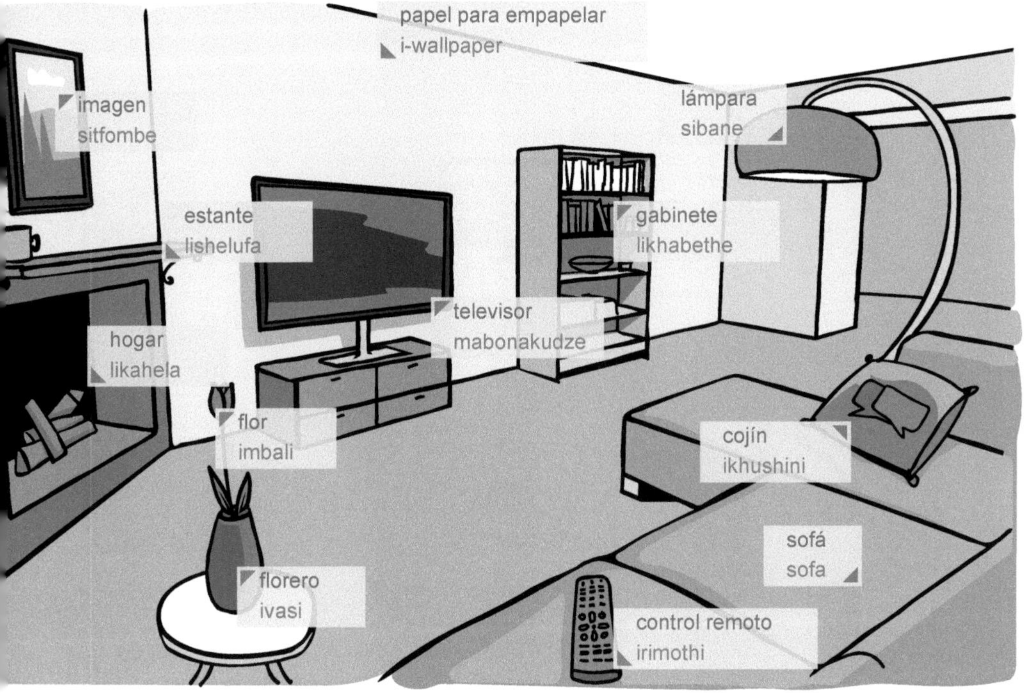

- papel para empapelar / i-wallpaper
- imagen / sitfombe
- lámpara / sibane
- estante / lishelufa
- gabinete / likhabethe
- hogar / likahela
- televisor / mabonakudze
- flor / imbali
- cojín / ikhushini
- florero / ivasi
- sofá / sofa
- control remoto / irimothi

alfombra
imadi yendlu

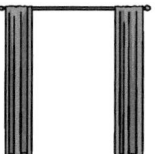

cortina
likhetheni

mesa
litafula

silla
situlo

mecedora
situlo sangephandle

sillón
situlosemikhono

libro
incwadzi

frazada
ingubo

decoración
umhlobiso

leña
tinkhuni tekubasa

film
lifilimu

equipo estereofónico
igumbagumba

llave
tikhiya

periódico
liphephandzaba

cuadro
pende

póster
likhadi laselubondzeni

radio
iwayilensi

bloc de notas
kwekutsa emaphuzu

aspiradora
i-hoover

cactus
sitjalo lokutsiwa yi-cactus

vela
likhandlela

cocina
likhishi

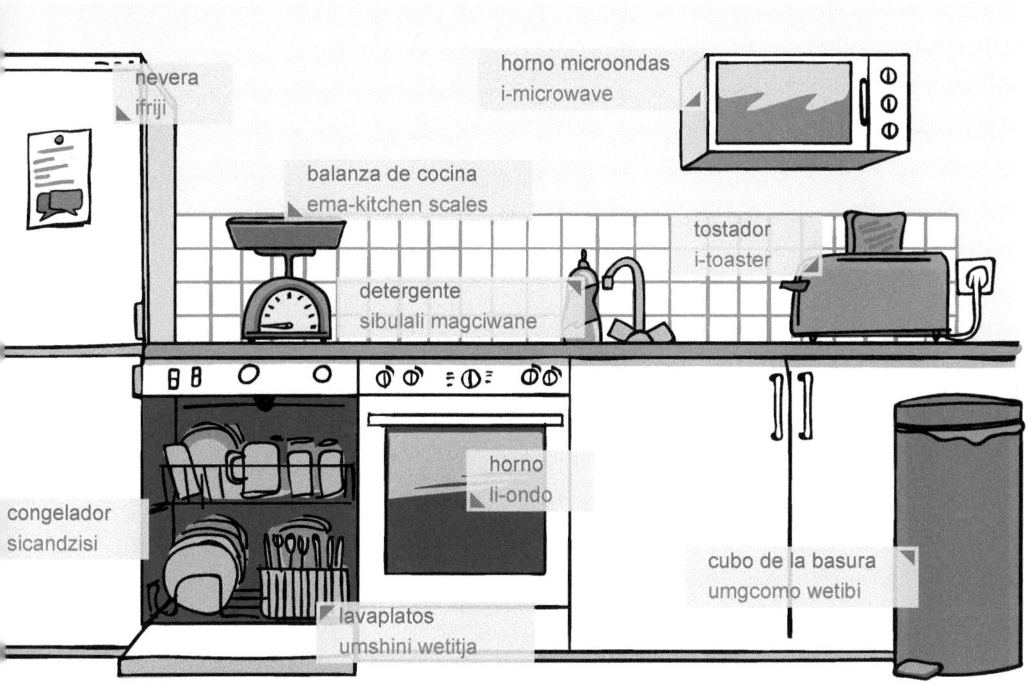

nevera / ifriji

horno microondas / i-microwave

balanza de cocina / ema-kitchen scales

tostador / i-toaster

detergente / sibulali magciwane

congelador / sicandzisi

horno / li-ondo

cubo de la basura / umgcomo wetibi

lavaplatos / umshini wetitja

cocina

umpheki

olla

libhodvo

olla de fundición de hierro

i-cast-iron pot

wok / kadai

i-wok /kadai

sartén

lipani

hervidor de agua

ligedlela

olla de vapor
i-steamer

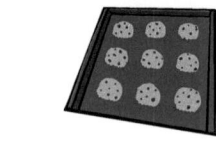
bandeja de horno
lipani lekubhaka

vajilla
i-crockery

vaso
imagi

bol
indishi

palillos para comer
tindvukwana tekujuba

cucharón de sopa
i-landle

espátula
si-spatula

batidor
i-whisk

colador
i-strainer

cedazo
i-sieve

rallador
i-grater

mortero
i-mortar

parrillada
i-barbecue

fogata
umlilo lovulekile

cocina - likhishi

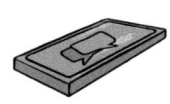

tabla de picar

libhodi lekujuba kudla

rodillo

i-rolling pin

sacacorchos

i-corkscrew

lata

likani

abrelatas

lithulusi lekuvala likani

agarrador

intfo yekubeka emabhodvo

fregadero

izinki

cepillo

libhulashi

esponja

sipontji

batidora

i-blender

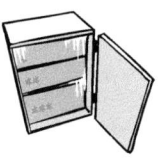

arcón congelador

i-deep freezer

biberón

libhodlela lemntfwana

grifo

impompi

cocina - likhishi

37

cuarto de baño
likamelo lekugezela

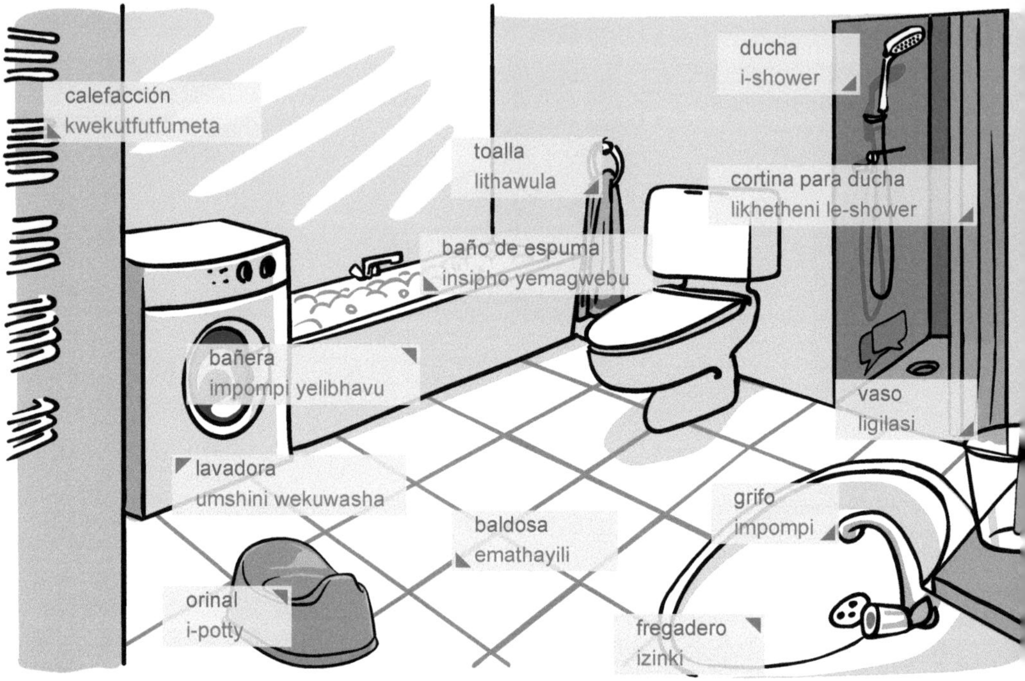

- calefacción / kwekutfutfumeta
- ducha / i-shower
- toalla / lithawula
- cortina para ducha / likhetheni le-shower
- baño de espuma / insipho yemagwebu
- bañera / impompi yelibhavu
- vaso / ligilasi
- lavadora / umshini wekuwasha
- baldosa / emathayili
- grifo / impompi
- orinal / i-potty
- fregadero / izinki

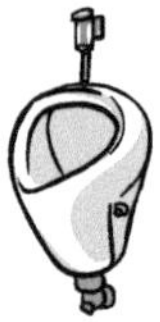

cuarto de baño	placa turca	bidé
umthoyi	libhodvo lemthoyi	i-bidet

urinario	papel higiénico	escobilla para el cuarto de baño
umnchamo	ithishu	libhulashi lemthoyi

cuarto de baño - likamelo lekugezela

cepillo de dientes

libhulashi lematinyo

pasta dentífrica

insipho yematinyo

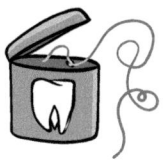

seda dental

intsambo yekuhlanta ematinyo

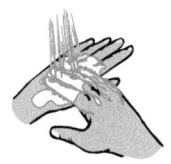

lavar

washa

ducha teléfono

liphayiphu le-shower lelibanjwa ngetandla

ducha higiénica

i-douche

cuenco

i-basin

cepillo para la espalda

libhulashi lemgogodla

jabón

insipho lecinile

gel de ducha

i-gel ye-shower

champú

insipho yemagwebu

manopla para baño

i-flannel

desagüe

wekuhambisa emanti

crema

i-cream

desodorante

emakha emakhwapha

cuarto de baño - likamelo lekugezela

espejo
sibuko

espejo de maquillaje
sibuko lesincane

máquina de afeitar
i-razor

espuma de afeitar
emagwebu ekushefa

loción para después del afeitado
kwegcobisa ngemuva kwekushefa

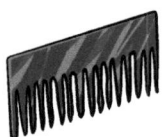

peine
i-comb

cepillo
libhulashi

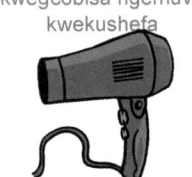

secador para cabello
kwekomisa tinwele

laca de peinado
kwekufutsa tinwele

maquillaje
kwekutimomonya

lápiz labial
i-lipstick

laca para uñas
pende wetingalo

algodón
i-cotton wool

tijera para uñas
sikelo setingalo

perfume
emakha

cuarto de baño - likamelo lekugezela

neceser
nwama setintfo tekugeza

taburete
situlo

balanza
sikali sesisindvo

bata de baño
wekugcoka nawugeza

guantes de goma
emagilavu e-rubber

tampón
i-tampon

compresa
lithawula lekuhlanta

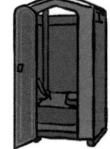

wáter químico
imitsi yekukolobha umthoyi

cuarto de los niños
likamelo lemntfwana

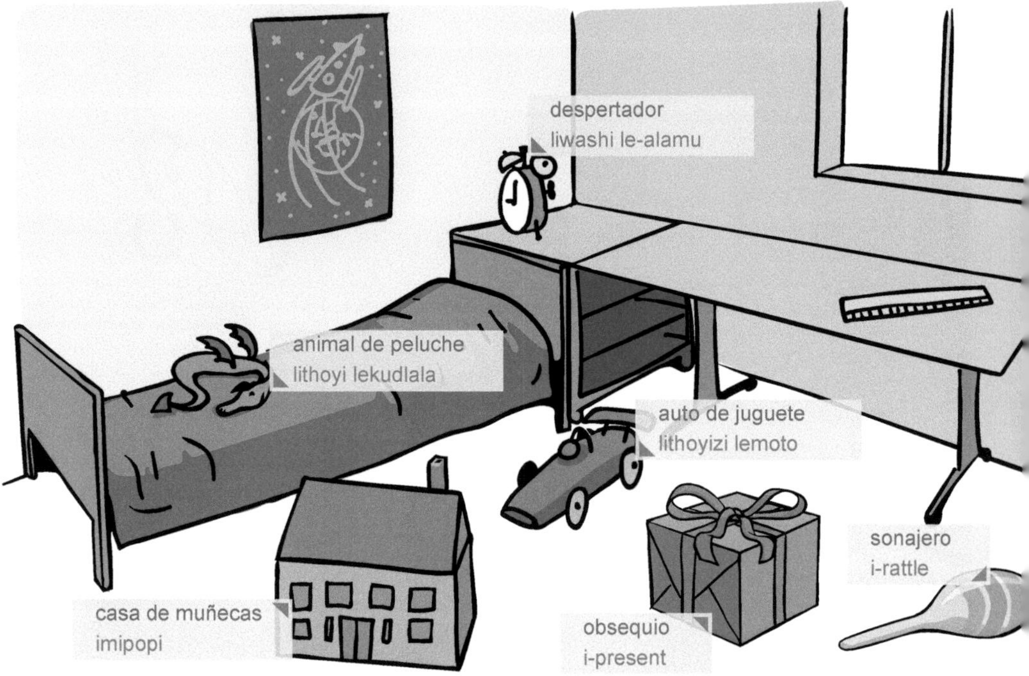

despertador
liwashi le-alamu
animal de peluche
lithoyi lekudlala
auto de juguete
lithoyizi lemoto
sonajero
i-rattle
casa de muñecas
imipopi
obsequio
i-present

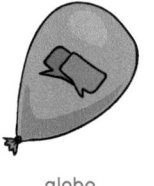

globo

ibhaluni

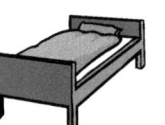

cama

umbhedze

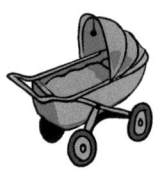

cochecito para niños

ipram

juego de barajas

emakhadi ekudlala

rompecabezas

i-jigsaw

SUPER MEGA

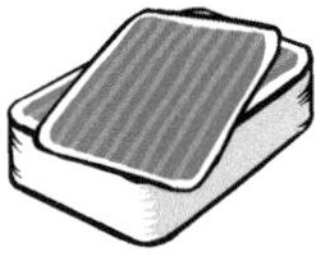

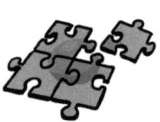

cómic

i-comic

piezas de Lego
emabloko e-lego

bloques para jugar
emabloko ekwakha

figura de acción
i-actionfigure

pijama de una pieza
kukhula kwemntfwana

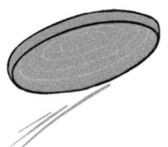
frisbee
i-frisbee

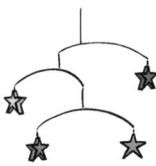
móvil
i-mobile

juego de mesa
ibhodi yemdlalo

dado
lidayisi

tren eléctrico a escala
isethi yemathoyizi etitimela

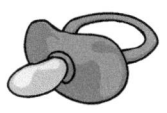
chupete
i-dummy

fiesta
i-party

libro de dibujos
incwadzi yetitfombe

pelota
ibhola

títere
nodoli

jugar
dlala

cuarto de los niños - likamelo lemntfwana

arenero
umgodzi wemhlabatsi

columpio
umjikeli

juguetes
emathoyizi

consola de videojuego
umshini wemdlalo wema-video

triciclo
masondvontsatfu

osito de peluche
umdoli welibhele

guardarropa
ihhodrobhu

vestimenta
timphahla tekugcoka

calcetines
emakawosi

medias
ema-stockings

panti
umtjopi

body
umtimba

pantalón
emabhuluko

jeans
ibhokathi

falda
sikedi

blusa
liblawosi

camisa
liyembe

pullover
i-pullover

sweater
i-hoodie

blazer
libhantji

chaqueta
silamba

abrigo
lijazi

impermeable
lijazi lemvula

traje chaqueta
i-costume

vestido
lilogo

vestido de bodas
likogo lemshado

vestimenta - timphahla tekugcoka

traje
isudi

camisón
i-gown yasebusuku

pijama
emabhijamu

sari
i-sari

pañuelo de cabeza
sikafu

turbante
i-turban

burka
i-burqa

caftán
i-kaftan

abaya
i-abaya

traje de baño
timphahla tekududa

bañador
ema-anda

shorts
emabhuluko lamafishane

chándal
i-treksudi

delantal
liphinifa

guante
emaglavu

vestimenta - timphahla tekugcoka

botón
inkinobho

gafa
tibuko

brazalete
buhlalu

cadena
umgaco

anillo
indandatho

aro
emacici

gorra
likepisi

percha
i-hanger yelijazi

sombrero
sigcoko

corbata
thayi

cierre a cremallera
iziphu

casco
sivikelo senhloko

tiradores
kwekusekela sitfo semtimba

uniforme escolar
timphahla tesikolwa

uniforme
inyunifomu

babero
i-bib

chupete
i-dummy

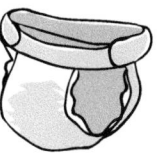
pañal
linabukeli

oficina
lihhovisi

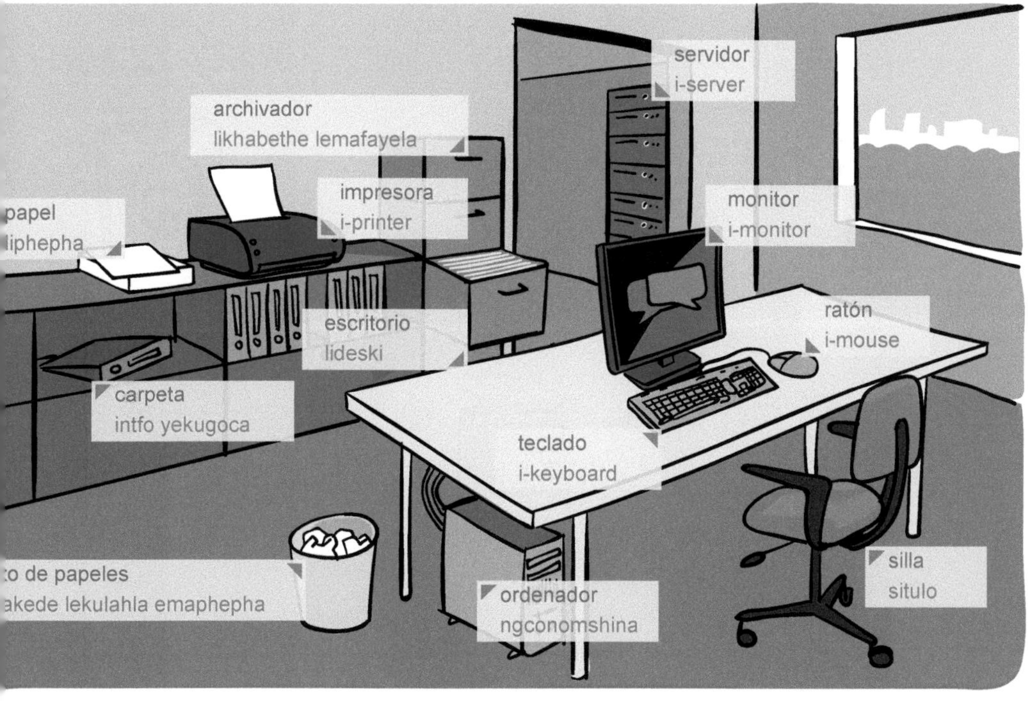

- servidor / i-server
- archivador / likhabethe lemafayela
- impresora / i-printer
- monitor / i-monitor
- papel / iphepha
- escritorio / lideski
- ratón / i-mouse
- carpeta / intfo yekugoca
- teclado / i-keyboard
- cesto de papeles / sakede lekulahla emaphepha
- ordenador / ngconomshina
- silla / situlo

taza de café
likomishi lelikofi

calculadora
i-calculator

internet
i-inthanethi

laptop

i-laptop

carta

incwadzi

mensaje

umlayeto

teléfono móvil

i-mobile

red

i-network

fotocopiadora

umshini wekwenta emakhophi

software

i-software

teléfono

lucingo

tomacorriente

liplaliki lagesi

máquina de fax

umshini wekufeksa

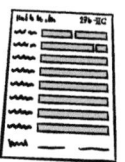

formulario

lifomu

documento

liphepha

economía
umnotfo

comprar
tsenga

pagar
bhadala

comerciar
beka imali

dinero
imali

dólar
li-dollar

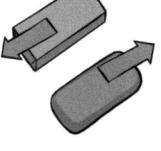

euro
li-euro

yen
li-yen

rublo
li-rouble

franco
i-Swiss franc

renminbi
i-renminbi yuan

rupia
i-rupee

cajero automático
umshini wemali

economía - umnotfo   51

casa de cambio
i-bureau de change

oro
ligolide

plata
lisiliva

petróleo
woyela

energía
emandla

precio
linani

contrato
sivumelwano

impuesto
umtselo

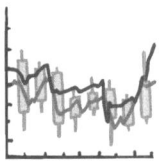
acción
sitoko

trabajar
sebenta

empleado
sisebenti

empleador
umcashi

fábrica
ifemu

negocio
sitolo

ocupaciones
tikhundla

policía
liphoyisa

bombero
umcimimlilo

cocinero
umpheki

médico
dokotela

piloto
umshayeli wetindiza

jardinero
losebenta engadzini

carpintero
ummbati

costurera
umtfungi

juez
mehluleli

químico
khemisi

actor
umlingisi

ocupaciones - tikhundla

conductor de autobús	taxista	pescador
umshayeli webhasi	umshayeli wekhumbi	umdvobi

mujer de la limpieza	techista	camarero
limedi	umfuleli	waiter

cazador	pintor	panadero
umtingeli	mapendani	umbhaki

electricista	albañil	ingeniero
gesana	meselane	sonjiniyela

carnicero	fontanero	cartero
umtsengisi wenyama	somaphayiphi	lohambisa liposi

ocupaciones - tikhundla

soldado
lisotja

arquitecto
umdvwebi wemapulani

cajero
umtsengisi

florista
umtsengisi wetimbali

peluquero
losebenta ngetinwele

cobrador
umbhidisi

mecánico
mekhenikha

capitán
kaputeni

odontólogo
dokotela wematinyo

científico
sosayensi

rabino
rabi

imam
imam

monje
monk

párroco
umfundisi

ocupaciones - tikhundla

herramientas
emathulusi

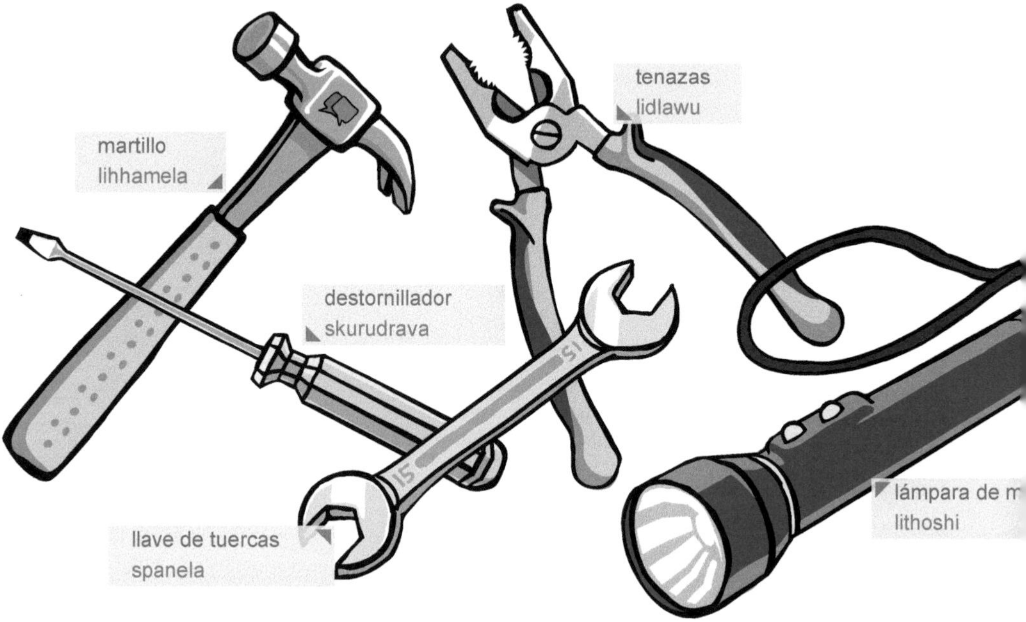

martillo
lihhamela

tenazas
lidlawu

destornillador
skurudrava

llave de tuercas
spanela

lámpara de m
lithoshi

excavadora
lifosholo

caja de herramientas
libhokisi lemathulusi

escalerilla
lilele

serrucho
lisaha

clavos
tipikili

taladro
umshini wekwenta timbobo

reparar
lungisa

pala
lifosholo

¡Maldición!
i-Damni!

recogedor
lipani lekuwola tibi

lata de pintura
likani lapende

tornillos
tikruzi

instrumentos musicales
insimbi yemculo

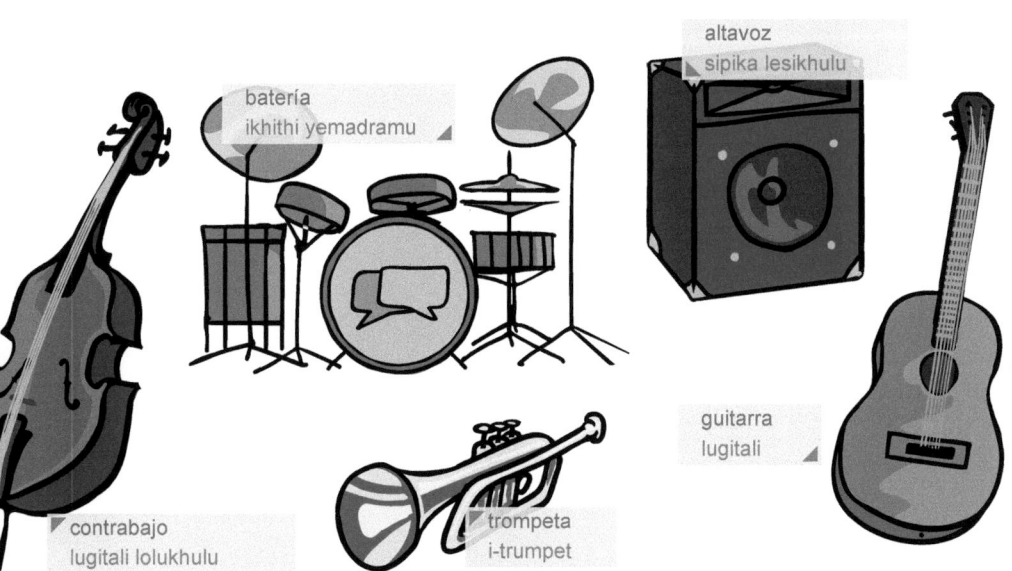

- batería — ikhithi yemadramu
- altavoz — sipika lesikhulu
- guitarra — lugitali
- contrabajo — lugitali lolukhulu
- trompeta — i-trumpet

piano	violín	bajo
i-piano	ivayolini	ibhesi

timbales	tambor	teclado
i-timpani	emadramu	i-keyboard

saxofón	flauta	micrófono
i-saxohone	ifluthi	umbhobho

instrumentos musicales - insimbi yemculo

zoológico
i-zoo

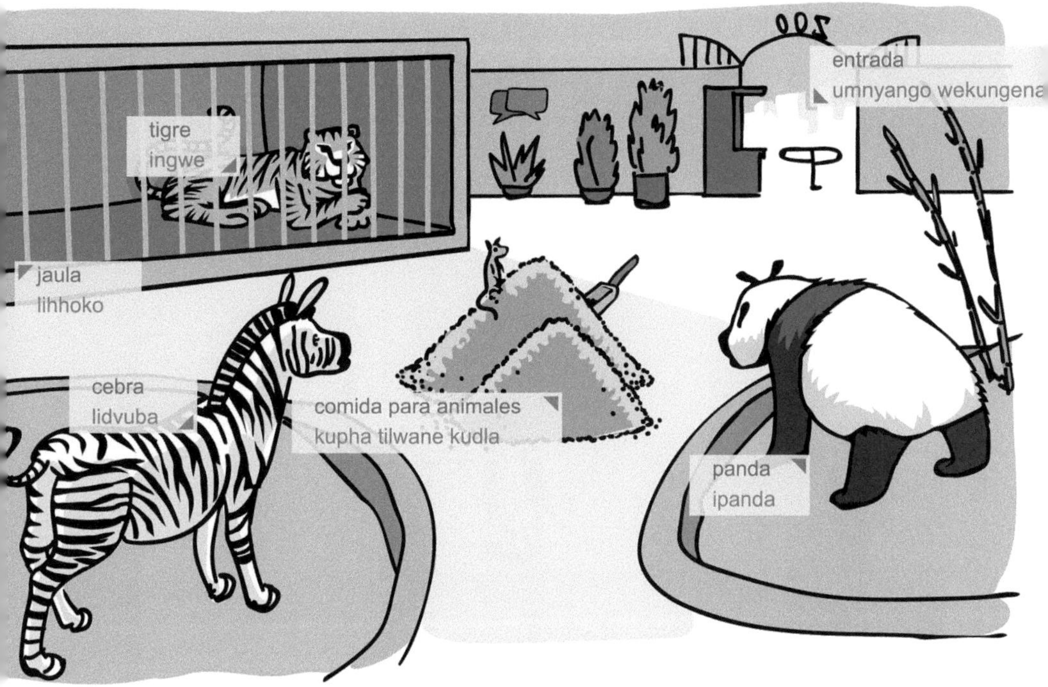

entrada
umnyango wekungena

tigre
ingwe

jaula
lihhoko

cebra
lidvuba

comida para animales
kupha tilwane kudla

panda
ipanda

animales
tilwane

elefante
indlovu

canguro
ikangaru

rinoceronte
bhejane

gorila
igorila

oso
libhele

camello
likamela

avestruz
i-ostrishi

león
libhubesi

mono
imfene

flamengo
i-flamingo

papagayo
iparoti

oso polar
libhele

pingüino
iphejini

tiburón
shaka

pavo real
iphigogo

serpiente
inyoka

cocodrilo
ingwenya

cuidador del zoológico
umgcini tilwane

foca
isili

jaguar
i-jaguar

pony
poni

leopardo
ingwe

hipopótamo
imvubu

jirafa
indlulamitsi

águila
lusweti

jabalí
ingulube yesiganga

pescado
imfishi

tortuga
lifundvu

morsa
i-warasi

zorro
jakalazi

gacela
inyamatane

zoológico - i-zoo

deporte
temidlalo

actividades
imisebenti

- saltar / gcuma
- reír / hleka
- abrazar / gona
- caminar / hamba
- cantar / hlabela
- soñar / liphupho
- rezar / thantaza
- besar / cabuza

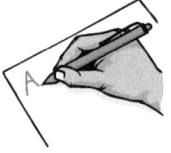

escribir
bhala

dibujar
tsatsa

mostrar
khombisa

presionar
fuca

dar
nika

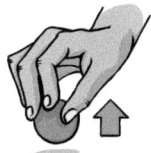

tomar
tsatsa

tener
tsatsa

hacer
yenta

ser
be

estar de pie
sukuma

correr
gijima

tirar
dvonsa

arrojar
jika

caer
wani

estar acostado
cala emanga

esperar
mani

llevar
tsatsa

estar sentado
hlala

vestirse
yembatsa

dormir
lala

despertar
vuka

actividades - imisebenti

mirar
buka

llorar
khala

acariciar
shaya

peinarse
kama

conversar
khuluma

entender
condza

preguntar
buta

oír
lalela

beber
natsa

comer
dlani

asear
gcogca

amar
tsandza

cocinar
pheka

conducir
shayela

volar
ndiza

actividades - imisebenti

navegar
ntjuza

calcular
bala

leer
fundza

aprender
fundza

trabajar
sebenta

casarse
shada

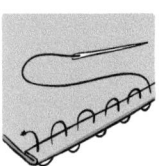
coser
tfunga

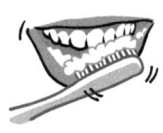
limpiarse los dientes
kugeza ematinyo

matar
bulala

fumar
bhema

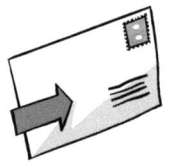
enviar
tfumela

actividades - imisebenti

familia
umndeni

abuela
gogo

abuelo
mkhulu

padre
babe

madre
make

bebé
umntfwana

hija
indvodzakati

hijo
indvodzana

invitado

sivakashi

tía

anti

tío

malume

hermano

umnaketfu

hermana

sisi

cuerpo
umtimba

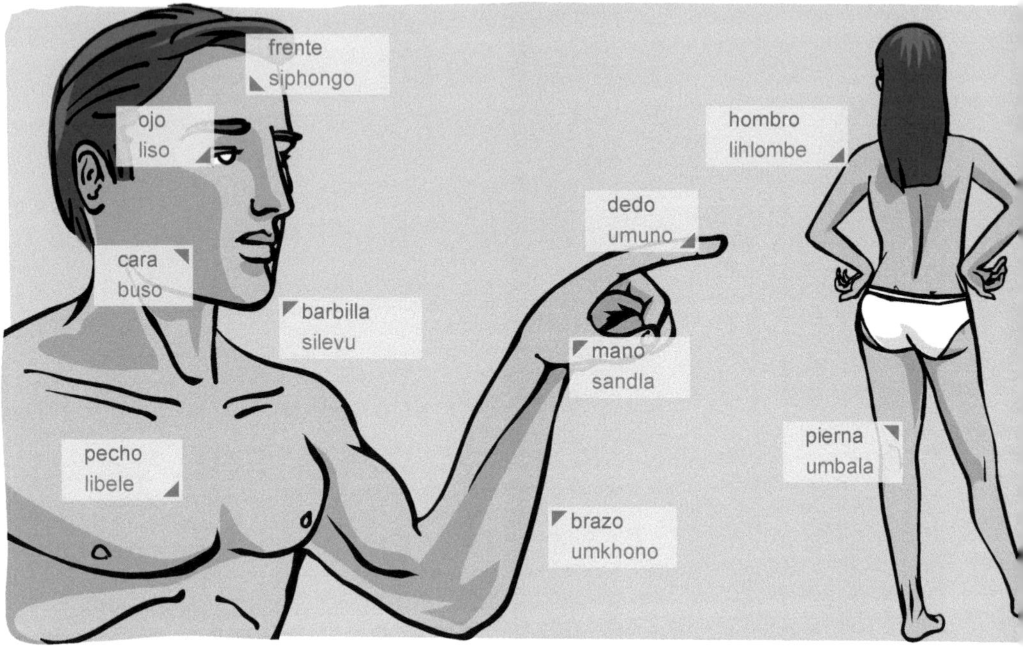

- frente / siphongo
- ojo / liso
- cara / buso
- barbilla / silevu
- pecho / libele
- hombro / lihlombe
- dedo / umuno
- mano / sandla
- brazo / umkhono
- pierna / umbala

bebé
umntfwana

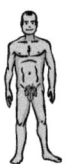

hombre
indvodza

mujer
umfati

muchacha
intfombatane

joven
umfana

cabeza
inhloko

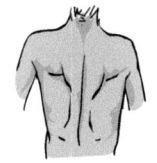

espalda

emuva

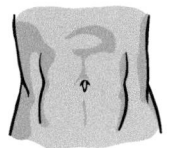

vientre

umkhatjana

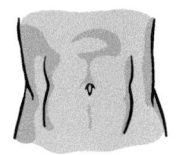

ombligo

sibhono

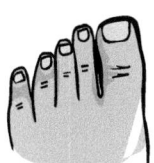

dedo del pie

luzwane

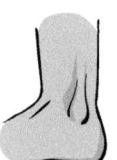

talón

sitsendze

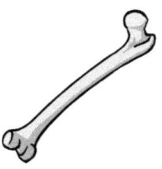

hueso

litsambo

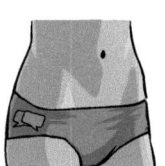

cadera

litsanga

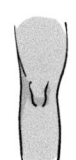

rodilla

lidvolo

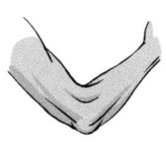

codo

ingcosa

nariz

imphumulo

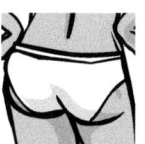

trasero

entansi

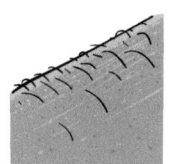

piel

sikhumba

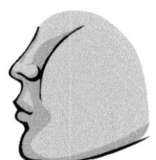

mejilla

sihlatsi

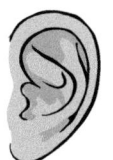

oreja

indlebe

labio

indzebe

boca
umlomo

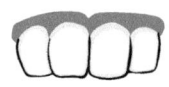

diente
litinyo

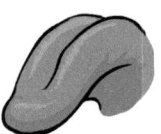

lengua
lilimi

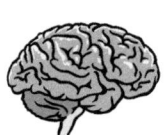

cerebro
bucopho

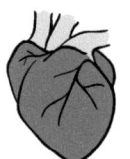

corazón
inhlitiyo

músculo
umsipha

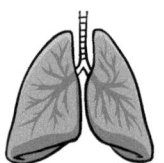

pulmón
liphaphu

hígado
sibindzi

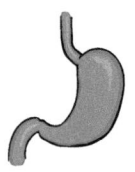

estómago
sisu

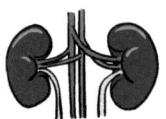

riñones
tinso

relación sexual
kulalana

condón
lijazi lemkhwenyana

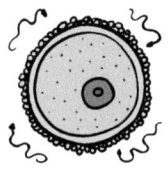

Óvulo
licandza lentalo

esperma
sidvodza

embarazo
kukhulelwa

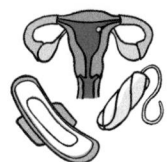
menstruación
kuya esikhatsini

vagina
ligolo

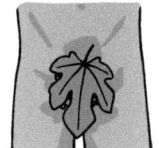
pene
umpipi

ceja
inkhophe

cabello
lunwele

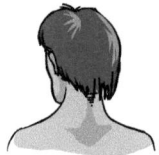
cuello
intsamo

hospital
sibhedlela

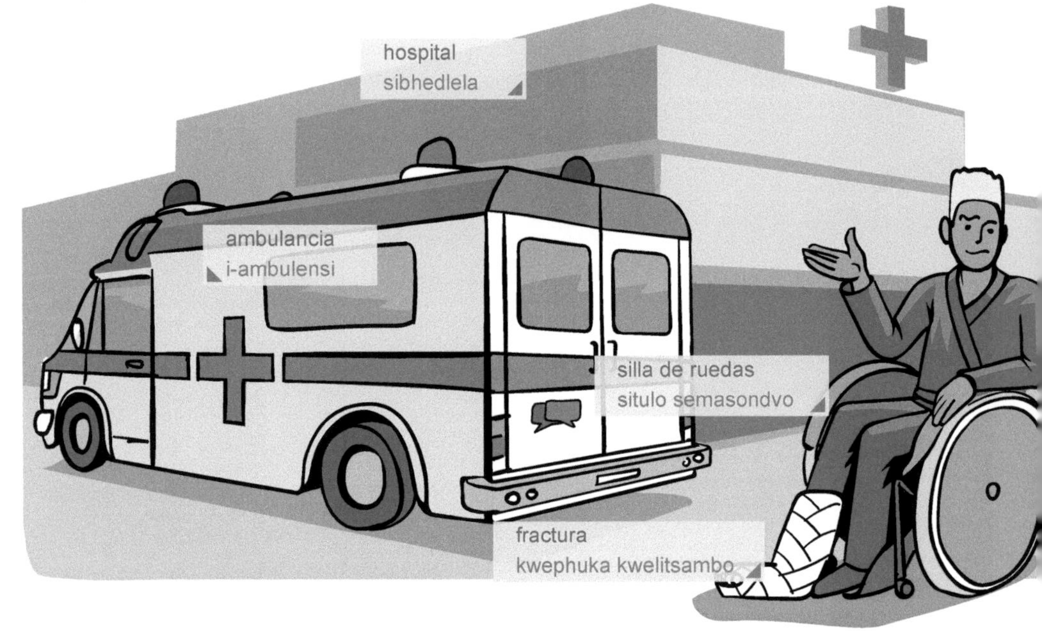

hospital
sibhedlela

ambulancia
i-ambulensi

silla de ruedas
situlo semasondvo

fractura
kwephuka kwelitsambo

médico
dokotela

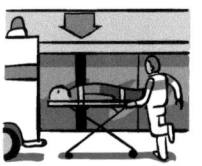

admisión de urgencia
ligumbi letimo letiphutfumako

enfermera
nesi

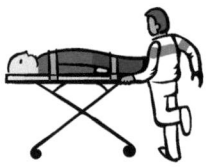

emergencia
simo lesiphutfumako

inconsciente
kucaleka

dolor
buhlungu

hospital - sibhedlela

lesión
kulimala

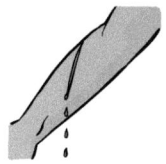
hemorragia
kopha

infarto de miocardio
kuhlaselwa sifo senhlitiyo

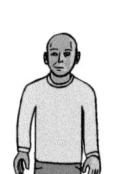
apoplejía cerebral
kufa luhlangotsi

alergia
i-aleji

tos
kukhwehlela

fiebre
kushisa

gripe
umkhuhlane

diarrea
kusheka

dolor de cabeza
kubulawa yinhloko

cáncer
umdlavuza

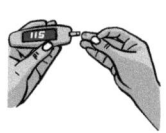
diabetes
kuba nashukela

cirujano
dokotela

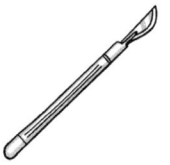
escalpelo
umukhwa wekusika wabodokotela

operación
kusikwa

hospital - sibhedlela

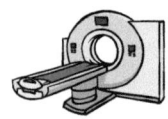
TC
i-CT

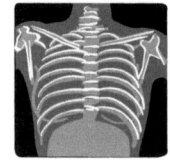
rayos X
i-x ray

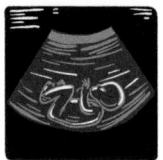
ultrasonido
umsindvo

máscara
sifonyo

enfermedad
sifo

sala de espera
ligumbi lekulindza

muleta
indvuku yekuhamba

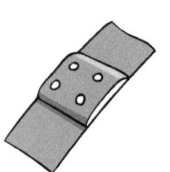
emplasto
i-plaster

vendaje
ibhandishi

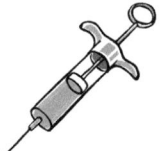
inyección
umjovo

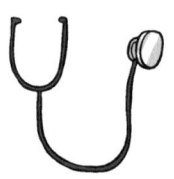
estetoscopio
lithulusi labodokotela lekulalela inhlitiyo

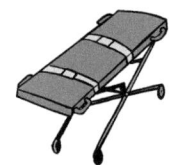
camilla
luhlaka

termómetro
kwekuhlola lizinga lemuntfu lekushisa

nacimiento
kutalwa

sobrepeso
kunona kakhulu

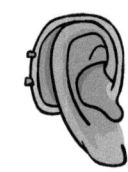
audífono
sita tekuva etindlebeni

desinfectante
sibulali magciwane

infección
kwesuleleka ngesifo

virus
ligciwane

VIH / SIDA
i-HIV / AIDS

medicina
umutsi

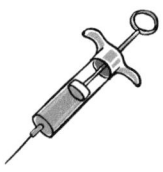
vacunación
kugoma

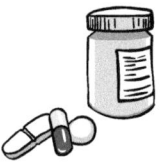
comprimido
emaphilisi

píldora anticonceptiva
liphilisi

llamada de emergencia
lucingo loluphutfumako

medidor de presión arterial
sicaphi semfutfo wengati

enfermo / saludable
gula / umcemane

hospital - sibhedlela

emergencia
simo lesiphutfumako

¡Ayuda!
Lusito!

alarma
i-alamu

asalto
kuhlukumeta

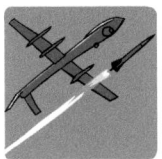

ataque
kuhlasela

peligro
ingoti

salida de emergencia
umnyango wekuphuma nakuphutfuma

¡Fuego!
Umlilo

extintor
sicishamlilo

accidente
ingoti

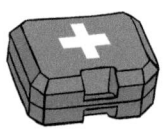

kit de primeros auxilios
ikhidi yelusito lwekucala

SOS
SOS

Policía
emaphoyisa

Tierra
Umhlaba

Europa
i-Europe

América del Norte
iNyakatfo YeMelika

América del Sur
iNingizimu YeMelika

África
i-Afrika

Asia
i-Asia

Australia
i-Australia

Atlántico
i-Atlantic

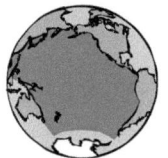

Pacífico
i-Pacific

Océano Índico
i-Idian Ocean

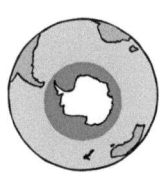

Océano Antártico
i-Antarctic Ocean

Océano Ártico
i-Arctic Ocean

Polo Norte
Ligumbi laseNyakatfo

Polo Sur — Ligumbi laseNingizimu

Antártida — iAntarctica

Tierra — Umhlaba

país — indzawo

mar — lwandle

isla — sichingi

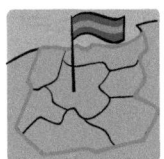
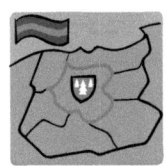

nación — sive

Estado — umbuso

reloj
liwashi

cuadrante
buso beliwashi

horario
li-awa

minutero
imizuzu

segundero
imizuzwana

¿Qué hora es?
sikhatsi sini nyalo?

día
lusuku

tiempo
sikhatsi

ahora
nyalo

reloj digital
liwashi lesimanjemanje

minuto
umzuzu

hora
li-awa

semana
liviki

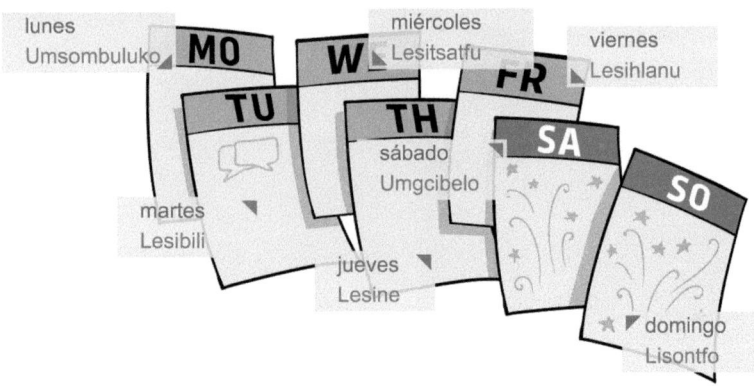

lunes — Umsombuluko
martes — Lesibili
miércoles — Lesitsatfu
jueves — Lesine
viernes — Lesihlanu
sábado — Umgcibelo
domingo — Lisontfo

ayer
itolo

hoy
lamuhla

mañana
kusasa

mañana
ekuseni

mediodía
emini

tarde
entsambama

jornada de trabajo
emalanga emsebenti

fin de semana
imphelasontfo

año

umnyaka

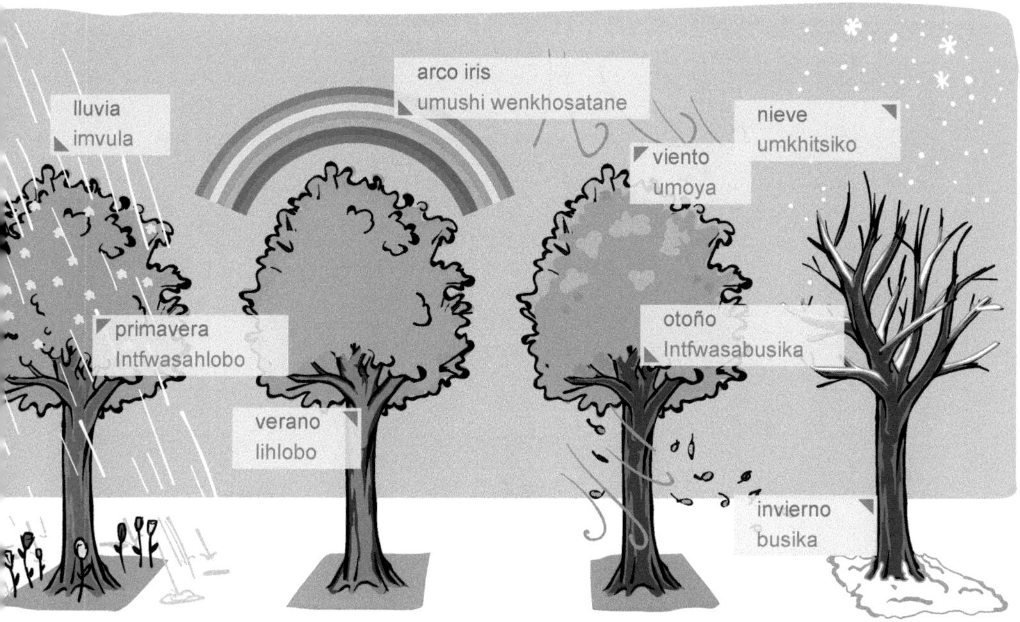

lluvia
imvula
arco iris
umushi wenkhosatane
nieve
umkhitsiko
viento
umoya
primavera
Intfwasahlobo
otoño
Intfwasabusika
verano
lihlobo
invierno
busika

4.APRIL 11°
5.APRIL 4°
6.APRIL 13°
7.APRIL 8°
8.APRIL 10°

nóstico meteorológico

simo selitulo

F C
120 90 60 30 0 -30
40 30 20 10 0 -10 -20

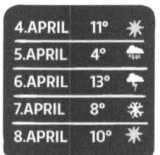

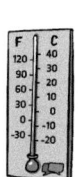

termómetro

kwekuhlola lizinga lekushisa

luz solar

kubalela

nube

emafu

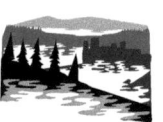

niebla

inkhungu

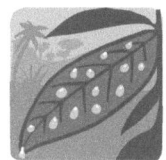

humedad ambiente

umswakamo

relámpago

umbane

trueno

umbane

tormenta

kudvuma lobunebungoti

granizo

sangcotfo

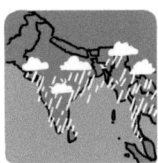

monzón

inyeti

inundación

tikhukhula

hielo

lichwa

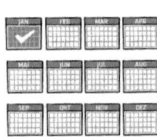

enero

Bhimbidvwane

febrero

Indlovana

marzo

Indlovulenkhulu

abril

Mabasa

mayo

Inkhwenkhweti

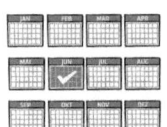

junio

Inhlaba

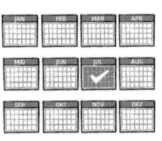

julio

Kholwane

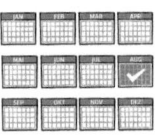

agosto

Ingci

septiembre
Inyoni

octubre
Imphala

noviembre
Lweti

diciembre
Ingongoni

formas
kubumbeka kwetintfo

círculo
indingiliza

cuadrado
sikwele

rectángulo
umdvwebo lonetinhlangotsi letindze letilinganako

triángulo
ncantsatfu

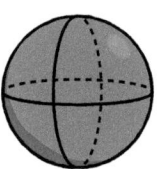
esfera
i-sphere

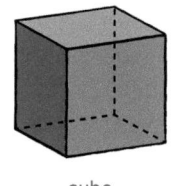
cubo
ikhiyubhu

colores
imibala

blanco
kumhlophe

amarillo
phuti

anaranjado
sheli

rosa
kupinki

rojo
kubovu

lila
kunsomi

azul
luhlata

verde
luhlata njengetjani

marrón
loku-brown

gris
mtfubi

negro
mnyama

opuestos
lokwehlukile

mucho / poco
kunyenti / kuncane

enojado / calmado
kutfukutsela / kwehlisa umoya

bonito / feo
buhle / bubi

comienzo / fin
sicalo / siphetfo

grande / pequeño
bukhulu / buncane

claro / oscuro
kukhanya / bumnyama

hermano / hermana
bhuti / sisi

limpio / sucio
kuhloba / kungcola

completo / incompleto
kuphelela / kungapheleli

día / noche
imi / busuku

muerto / vivo
kufa / kuphila

ancho / angosto
kubanti / kuncane

disfrutable / no disfrutable

lokudliwako / lokungadliwa

malo / amigable

inhlitiyo lembi / umusa

excitado / aburrido

kutsakasa / kudvumala

gordo / delgado

sidudla / umcondvo

primero / último

kwekucala / kwekugcina

amigo / enemigo

umngani / sitsa

lleno / vacío

kugcwala / kute lutfo

duro / suave

kucina / kutsamba

pesado / liviano

kusindza / kulula

hambre / sed

kulamba / koma

enfermo / saludable

gula / umcemane

ilegal / legal

kungabi semtsetfweni / kuba semtsetfweni

inteligente / tonto

kuhlakanipha / bulima

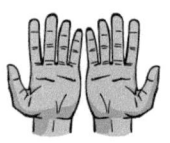

izquierda / derecha

sencele / sekudla

cercano / lejano

dvutane / khashane

opuestos - lokwehlukile

nuevo / usado
lokusha / lokudzala

nada / algo
kute lutfo / kunalokutsite

viejo / joven
budzala / busha

encendido / apagado
iyasebenta / akusebenti

abierto / cerrado
kuvulekile / kuvalekile

bajo / fuerte
kuthula / umsindvo

rico / pobre
kunjinga / kuphuya

correcto / incorrecto
kulungile / akukalungi

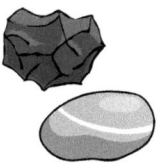
áspero / liso
kuyahhedla / kuyashelela

triste / alegre
kuva buhlungu / kujabula

breve / extenso
kufishane / kudze

lento / veloz
kunwabuka / kushesha

mojado / seco
kumanti / komile

caliente / frío
kufutfumele / kusivuvu

guerra / paz
imphi / kuthula

opuestos - lokwehlukile

números
tinombolo

0 cero
indilinga

1 uno
kunye

2 dos
kubili

3 tres
kutsatfu

4 cuatro
kune

5 cinco
sihlanu

6 seis
sitfupha

7 siete
sikhombisa

8 ocho
siphohlongo

9 nueve
yimfica

10 diez
lishumi

11 once
lishumi nakunye

12
doce
lishumi nakubili

13
trece
lishumi nakutsatfu

14
catorce
lishumi nakune

15
quince
lishumi nesihlanu

16
dieciséis
lishumi nesitfupha

17
diecisiete
lishumi nesikhombisa

18
dieciocho
lishumi nesiphohlongo

19
diecinueve
lishumi nemfica

20
veinte
emashumi lamabili

100
cien
likhulu

1.000
mil
inkhulungwane

1.000.000
millón
sigidzi

números - tinombolo

idiomas
tilwimi

inglés
Singisi

inglés estadounidense
Singisi saseMelika

chino mandarín
SiMandarini seseShayina

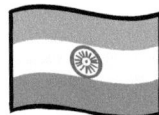

hindi
SiHindi

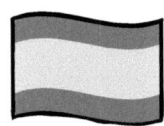

español
Sipanishi

francés
SiFulentji

árabe
Si-Arabu

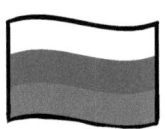

ruso
SiRashiya

portugués
SiPhuthukezi

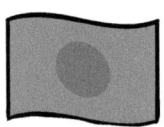

bengalí
SiBhengali

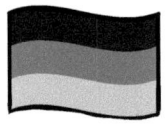

alemán
SiJalimane

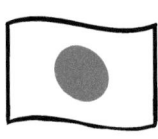

japonés
SiJapane

quién / qué / cómo
ngubani / ini / njani

yo
Mine

tú
wena

él / ella
yena / yona

nosotros
tsine

vosotros
nine

ellos
bona

¿quién?
bani?

¿qué?
ini?

¿cómo?
njani?

¿dónde?
kuphi?

¿cuándo?
nini?

nombre
libito

donde
kuphi

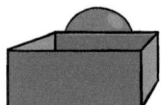

detrás

ngemuva

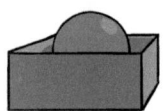

en

ekhatsi

delante de

embi kwe

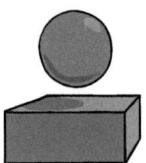

encima de

ngenhla

sobre

etulu

debajo de

ngephansi

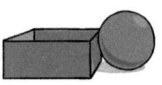

junto a

eceleni

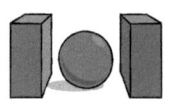

entre

emkhatsini

lugar

indzawo